AF224496

MÉMOIRE JUSTIFICATIF

POUR

POINTU d'Avignon.

IMPRIMERIE DE MADAME JEUNEHOMME-CRÉMIÈRE,

RUE HAUTEFEUILLE, N° 20.

MÉMOIRE JUSTIFICATIF

POUR

POINTU d'Avignon,

Dédié

à son honorable ami *Trestaillou de Nîmes.*

Pour faire suite aux Mémoires justificatifs
de MM. C*****, D********, M******,
M*********, etc., etc.

---

*Il est difficile d'accepter la réputation
d'assassin (Donnadieu à ses concitoyens)
par cela seul qu'on a tué une trentaine
de libéraux.*

PARIS,

Chez PLANCHER, Libraire, rue Poupée, n° 7.

—

1819.

EPITRE DÉDICATOIRE

A Trestaillou.

LES trophées de Miltiade empêchaient Thémistocle de dormir. Te
le dirai-je, honorable ami ! Les palmes dont tu ceignis ton front dans le
département du Gard, excitèrent en
moi une noble émulation et me firent
sortir du honteux repos dans lequel
j'étais enseveli. Tu me montras le

chemin de l'honneur, je suivis tes traces , le succès couronna mes efforts , je marchai ton égal !

Mais hélas! qu'un poète a eu raison de le dire!

Le Héros de la veille est le Brigand du jour.

Un an s'était à peine écoulé, et la justice avait frappé ma tête d'un arrêt de mort. Triste résultat d'un généreux dévouement, mémorable exemple de l'ingratitude et de la perversité du siècle! *dî meliora piis!....*

Plus heureux que moi, tu as vu proclamer ton innocence par les tribunaux; et si un ministre, esclave de

quelques vils préjugés, a osé te si-
gnaler à la tribune nationale, comme
un objet d'exécration et d'horreur,
toute la monarchie s'est soulevée pour
toi, et le ministre a eu besoin, pour se
justifier, de faire entendre à la même
tribune ce fameux *jamais* que les libéraux lui reprocheront *toujours*.

Ma conduite sera connue de toute
la France. Elle obtiendra, j'en suis
convaincu, les unanimes suffrages
du parti qui réunit la fortune, les
talens et la vertu, de ce parti qui a
pour lui l'immense majorité des
Français. Mais quand cette majorité
ne serait composée que de toi et du
Drapeau blanc, fier de votre estime
et de votre approbation, je braverais

le mépris universel, et je dirais, avec l'auteur de la Pharsale :

Victrix causa diis placuit, sed victa Catoni.

Ton ami et ton émule,

Pointu.

A ses Concitoyens,

POINTU d'Avignon (1).

—

Et moi aussi je suis calomnié, abreuvé d'outrages, et moi aussi l'on m'a réduit à l'humiliation de me justifier! On en conviendra, il est pénible pour un honnête homme *d'accepter la réputation d'assassin, par cela seul* qu'on a tué une trentaine de libéraux, de ces misérables dont le *Conservateur* nous dévoile chaque jour les sinistres projets, et qui viennent d'y préluder, en nommant à la place

---

(1) Ce titre, évidemment imité du Mémoire du général Donnadieu, n'est pas le seul emprunt que Pointu a fait au ci-devant gouverneur de Grenoble. Pour éviter le reproche de plagiat, nous prévenons que tout ce qui est imprimé en lettres italiques est copié mot pour mot du Mémoire de ce respectable militaire.

Note de l'Éditeur.

du vertueux et noble marquis de Causans, député vraiment monarchique, un homme qui n'a pas seulement émigré, un maire de Bonaparte, M. Puy, enfin, qu'entourent les suffrages d'une factieuse unanimité.

Tant que la passion et la haine des partis ont attaqué seules et mes actions et ma conduite, j'ai dû me taire ; je n'ai répondu que par le mépris aux extravagantes injures des orphelins et des veuves dont j'avais justicié le père ou l'époux. Mais puisque, non content de me laisser vilipender dans des brochures infâmes, telles que LES CRIMES D'AVIGNON DEPUIS LES CENT JOURS (1), etc., le ministère a ordonné que je fusse traduit devant une cour d'assises qui m'a condamné à mort par contumace (car, fort de mon innocence, j'avais pris la précaution de me sauver), je vais faire connaître à l'univers entier, à l'Europe, à la France, au Comtat Vénaissin, ce que j'ai fait pour la monarchie, et l'horrible ingratitude dont les ministres du monarque (*ou plutôt*

____

(1) Cette brochure se trouve chez Plancher, libraire, rue Poupée, n° 7.

un ministre , seul coupable de tous les maux arrivés depuis quatre ans en France ; maux que j'aurais prévenus s'il ne m'en eût empêché), dont les ministres, dis-je, ont payé mon dévouement. J'aurais pu supporter la honte , le déshonneur ; mais la mort , jamais........

J'ai passé ma vie dans les halles et sur le port d'Avignon , *sans crainte et sans reproche* , comme le chevalier Bayard et le vicomte Donnadieu. Jusqu'à la restauration , *mon nom n'était connu* que des marchands de blé et des patrons ; et j'ose le dire, *il est peu* de crocheteurs qui poussassent plus loin la complaisance envers ceux qui nous employaient à porter leurs marchandises , *sous toutes les couleurs qu'ils se présentassent à moi.* (1). *Étranger à tous les maux qui ont désolé notre belle patrie,* toute ma politique se bornait à obtenir le pour - boire ; je ne voyais que çà , je ne sortais pas de là.

Au retour de l'antique maison des Bour-

––––––––––––––––

(1) Un portefaix n'est pas tenu de savoir le français.

Note de l'Éditeur.

bons, dont le chef, par parenthèse, n'a pas tenu tout ce qu'on avait fait espérer aux honnêtes gens de mon espèce, des honnêtes gens plus riches me firent une petite pension pour crier dans les solennités publiques, A BAS LES JACOBINS ! A BAS LES BONAPARTISTES ! VIVE LE PAPE ! VIVE LE ROI ! et cet emploi qui me fournissait de quoi vivre sans trop de peine, me *fit croire que le règne de la justice allait enfin être rétabli, et que la France,* comme moi, *allait respirer* après de si longues fatigues.

Mais Bonaparte, dont je ne prévoyais pas le retour quand je criais si fort contre lui dans les carrefours d'Avignon, touche tout-à-coup le sol de la Provence, et l'on pressent *les terribles conséquences qui en furent la suite ;* je perdis mon emploi !.....

Bien convaincu dès-lors *que la monarchie légitime et héréditaire pouvait seule convenir à ma patrie, je m'y dévouai sans réserve, avec ce zèle* qui coûta le jour à tant de patriotes. Je jurai une haine invincible à l'usurpateur. N'ayant pu réussir à soulever *mes camarades* que je voulais armer contre lui, afin de prévenir *l'armement indubitable de l'Europe contre nous,* je repris, en gémissant, mon premier métier, et, fidèle à mes principes, en attendant mieux, je vomissais chaque soir mille imprécations secrètes contre le tyran qui me forçait à travailler pour gagner ma vie.

Bientôt la France est envahie par les ennemis ; et cette heureuse circonstance qui remplit de joie tous les bons Français, tous les véritables amis de la monarchie, tous les conservateurs des anciens principes, fut l'aurore pour moi d'un meilleur avenir. C'était comme une rosée, fille de nos larmes, qui venait consoler la terre après un violent orage. J'y reconnus le doigt du grand célibataire des mondes.

Tous les Avignonais cependant ne furent pas de mon avis. Je dois ici faire la peinture des mœurs de ce peuple. C'est un usage établi dans les mémoires justificatifs, et qui a bien son mérite. On peut accuser ainsi ceux qui nous accusent, et rejeter sur eux les torts où nous a fait tomber un excès de zèle pour le bien public.

Les Avignonais donc, comme tous les habitans du Comtat, se divisent en deux portions distinctes ; l'une composée de ce qu'il y a de mieux dans le pays, regrette la domination des papes. Elle se serait pourtant accommodée de Louis XVIII, s'il eût voulu rétablir l'ancien régime avec tous ses priviléges, nous rendre le droit précieux d'immunité dont nous jouissions avant la révolution , droit qui a tant de droits à la reconnaissance de la plupart d'entre nous, et renoncer enfin à cette charte odieuse qui proclame l'égalité et substitue au régime commode du bon plaisir, le régime révolutionnaire des lois. C'est à cette classe que j'appartiens. *Notre caractère n'est pas nouveau; il fut tel à toutes les époques, dans les temps anciens comme dans les temps modernes. Ainsi nous fûmes* papistes , *ainsi* nous serions royalistes, toujours *les plus propres de tous les Français* à manier le stylet, *chaque fois* que notre intérêt l'exige , et que nous n'y voyons aucun danger.

L'autre classe , composée des acquéreurs de biens nationaux, des hommes instruits, des jacobins imberbes (car les vieux jacobins ont BLANCHI avec l'âge) ne peut entendre parler ni de dîme, ni de droits seigneuriaux, ni de lettres de cachet; elle se révolte insolemment à l'idée d'un gouvernement arbitraire, et dans ces derniers temps, elle a poussé l'impiété jusqu'à se moquer des missionnaires et de leurs miracles. Cette classe toute française, toute dévouée à la charte, est évidemment l'ennemie du trône et de l'autel; et comme, d'après mon confesseur, il ne faut aucune paix avec les mécréans, je leur déclarai une guerre à mort. On verra bientôt ce que nous entendons par guerre.

Le siècle des cent jours était fini, et n'avait pas duré quatre mois, le Jupiter du Golfe-Juan n'était plus que le Scapin de Waterloo; les fédérés fuyaient de toutes parts. Nous nous levons alors !.... Armé d'un fusil à deux coups, d'une paire de pistolets, d'un sabre et d'un poignard, je vais à la chasse de ces brigands, dont quelques-uns avaient cherché un asile dans les environs. Tous ceux que je trouvai reçurent le châtiment de leurs crimes passés ou futurs, ou furent contraints de racheter leur vie par de fortes contributions. C'est sur-tout aux anciens militaires que j'en voulais !..... Je puis dire, sans vanité, que dans la première quinzaine de la restauration, j'ai tué plus d'invalides que ces misérables n'avaient remporté de victoires.

Un jour je côtoyais les bords du Rhône. J'aperçois de loin, assis sur l'herbe, derrière un buisson, deux vieux soldats , dont l'un n'avait point de jambes, et l'autre n'avait qu'un bras. Je m'approche doucement : ils parlaient des malheurs de l'armée française , ils maudissaient l'homme qui l'avait abandonnée sous les murs de Paris. Coquins, leur dis-je, vous préféreriez qu'il se fût défendu à outrance, qu'il eût chassé nos alliés ! vous accusez Bonaparte de lâcheté, vous êtes des bonapartistes! En même temps deux coups de pistolet font sauter la cervelle de ces vieux radoteurs. Je m'amusai à leur couper la tête, et après avoir lié ensemble leurs cadavres mutilés, en commémoration des atroces mariages de Carrier, je les jetai dans le Rhône.

Une autre fois, je rencontre sur le port un maçon, nommé Aubénas, dont l'opinion politique était douteuse. Je lui ordonne de crier Vive le roi ! De quel droit, me répond-il ? Ah ! tu raisonnes !.... Ecartez-vous, dis-je, à la foule qui nous entourait.... On s'écarte, je prends mon fusil dont je venais de décharger l'un des canons contre un officier, et je tire sur le rebelle. Il tombe. Pendant que mes ca-

marades riaient des contorsions que lui arra-
chait la douleur, je recharge tranquillement
mon arme, je le couche en joue, le coup part,
mon homme n'est pas encore mort. J'eus alors
pitié de ce malheureux, et je lui passai mon
sabre à travers le corps.

Je ne finirais pas, si je voulais raconter tous
les faits de ce genre par lesquels je prouvai
mon dévouement à la bonne cause. Un royaliste
distingué prétendait qu'avec sept hommes,
on pouvait comprimer un département. Ce
noble écrivain ne me connaissait pas. Il suf-
fisait d'un Pointu! et je puis me vanter d'avoir
contribué à la terreur de 1815, plus qu'aucune
cour prévôtale, plus qu'aucun de ces géné-
raux à conspirations, qui se sont fait une si
grande renommée.

Il manque cependant quelque chose à ma
gloire; le maréchal Brune n'est point mort
de ma main. A l'époque de son passage dans
notre ville, trompé par une fausse invitation,
je m'étais rendu à Orange, pour y incendier
quelques maisons et y tuer quelques bonapartistes (entreprise qui me valut d'être empri-
sonné pendant plusieurs heures, et traduit
à Avignon comme un criminel, la chaîne

au cou) : à mon arrivée chez moi , je trouvai une lettre ainsi conçue :

Pends-toi, brave Pointu, nous avons sui-cidé un maréchal d'Empire , et tu n'y étais pas !

A cette nouvelle , furieux d'avoir perdu une si belle proie, et de me voir éclipsé par un débutant , je jurai sur l'honneur que je laverais mon injure dans des torrens de sang , et je recommençai ma chasse aux fédérés avec la même ardeur qu'une meute en furie poursuit un cerf aux abois, ou qu'un loup affamé se précipite sur le tendre agneau. J'avais faim de chair humaine , je m'en rassasiai.

Dans une expédition que je fis à Loriol , petite commune de l'arrondissement de Carpentras , après avoir tué quelques indi-vidus obscurs , tels que Rouvière , Cartier , etc. , je me rendis, escorté de Nadaud , Giraud, et cinq ou six autres de mes plus braves acolites , à l'habitation d'un nommé Carle dont le courage faisait trembler tous les monarchiques du canton , et qui, vingt ans auparavant , avait repoussé seul l'atta-que d'une troupe nombreuse. A notre appro-

che, le brigand se retranche dans sa maison.
J'ordonne une décharge générale pour l'in-
timider. Carle riposte de sa fenêtre. Le
combat avait duré plus d'une heure sans
résultat, lorsque, désespérant de le réduire
par la force, je propose une capitulation ;
j'offre la vie à l'assiégé, à condition qu'il
me suivra à la mairie. Le piège aurait réussi ;
mais un de mes lieutenans eut l'imprudence
de dire tout haut : qu'il se rende, il n'ira
pas loin. Carle, averti alors du sort que
nous lui préparions, s'en fuit par une porte
secrète, et nous eussions manqué le gibier,
si un paysan qui le vit dénicher, ne nous eût
indiqué sa retraite. Nous volons sur ses pas,
nous le trouvons blotti dans un fossé, sous
du feuillage. Désarmé, il n'était plus à crain-
dre. Mes braves l'accablent d'injures et de
mauvais traitemens. Frappez, s'écrie-t-il, en
découvrant sa poitrine, frappez et ne m'in-
sultez pas. Giraud, alors, lui mettant son
pistolet dans l'oreille, lui fait sauter le crâne.
Le brigand n'existe plus ; mais notre haine
n'est point rassasiée, chacun de nous décharge son arme sur le corps inanimé, et
les chiens auxquels nous le livrâmes, ache-

vèrent ce que nous avions commencé : le cadavre fut mis en lambeaux.

La justice prit mal cette petite gaîté. Giraud et tous mes camarades, excepté Nadaud qui s'en tira comme par miracle, furent condamnés avec moi, pour ce seul fait, à la peine capitale. L'infortuné Giraud a subi son arrêt à Valence, devant une foule de spectateurs qui ne daignèrent pas même lui accorder une larme.

Je le demande : trouve-t-on *dans les annales, dans les fastes des nations, une perversité de crime qui égale celle-là ? Voilà,* certes, le jugement *le plus audacieux et le plus inoui.* N'est-ce pas nous *avertir* que quiconque s'armerait *en faveur du trône serait poursuivi ?*

Il y a trois ans, on nous *parlait d'union et d'oubli !* je consentais à pardonner aux fils de mes victimes, à oublier tous mes assassinats. Mais c'était encore *un nouveau piège tendu à la loyauté française. Le jour même où l'on proclamait cette belle maxime, le ministre qui l'avait dans la bouche,* rappelait toutes mes péccadilles *ressuscitait de leurs tombes,* les factieux que j'y avais précipités, afin qu'ils m'y entrainassent comme un holocauste. *Voilà l'oubli et l'union que M. de Cases nous a prêchés!*

Je doute que depuis que les hommes vivent en société, il se soit vu un état de choses aussi digne de pitié et de mépris; un ministre et des ministères aussi ignorans ou aussi criminels. Toutes les inconséquences sont réunies. On me condamne à mort, et l'on ne poursuit point mon digne émule, celui qui s'est immortalisé par le suicide du maréchal Brune! on destitue un procureur du roi qui n'agissait point, et l'on ne donne pas l'ordre d'agir à celui qui le remplace. *Que faut-il conclure de là?* (1)

. . . .

L'horreur du crime et de l'injustice m'a fait prendre la plume, non moins pour la défense de tant de braves gens, victimes comme moi de la fidélité à leurs devoirs, que pour prouver à la France l'iniquité de l'arrêt qui me frappe. *Puissent ces vérités apprendre à tous le sort que les ministres réservent à ceux qui ont tout fait, comme moi, pour sauver le mo-*

---

(1) Il manque ici quelques lignes dans le manuscrit.

Note de l'Éditeur.

narque et la France avec lui! puissent-elles servir à la condamnation de ces ministres, comme elles serviront, j'espère, à ma justification !

O ma patrie! ô Comtat Vénaissin! noble et généreux débris de l'empire des papes! si, comme le prédit un noble pair, la révolution prépare déjà ses échafauds, ne crains rien, tôt ou tard, nos principes triompheront. Inutilement une philosophie nouvelle prétend baser une nouvelle société sur des fondémens périssables; cette société s'écroulera; la vérité renversera toujours l'édifice de l'erreur et du mensonge. Par-tout où la liberté aura semé ses funestes doctrines, j'apparaîtrai comme un «destructeur envoyé par le ciel,» je serai comme « le Barbare que chaque temple « païen vit jadis armé à ses portes. La Provi- « dence n'arrêtera la torche et le levier que « quand la race infidèle sera changée. Alors « une croix s'élevera sur les tombeaux et TOUT SERA DIT.

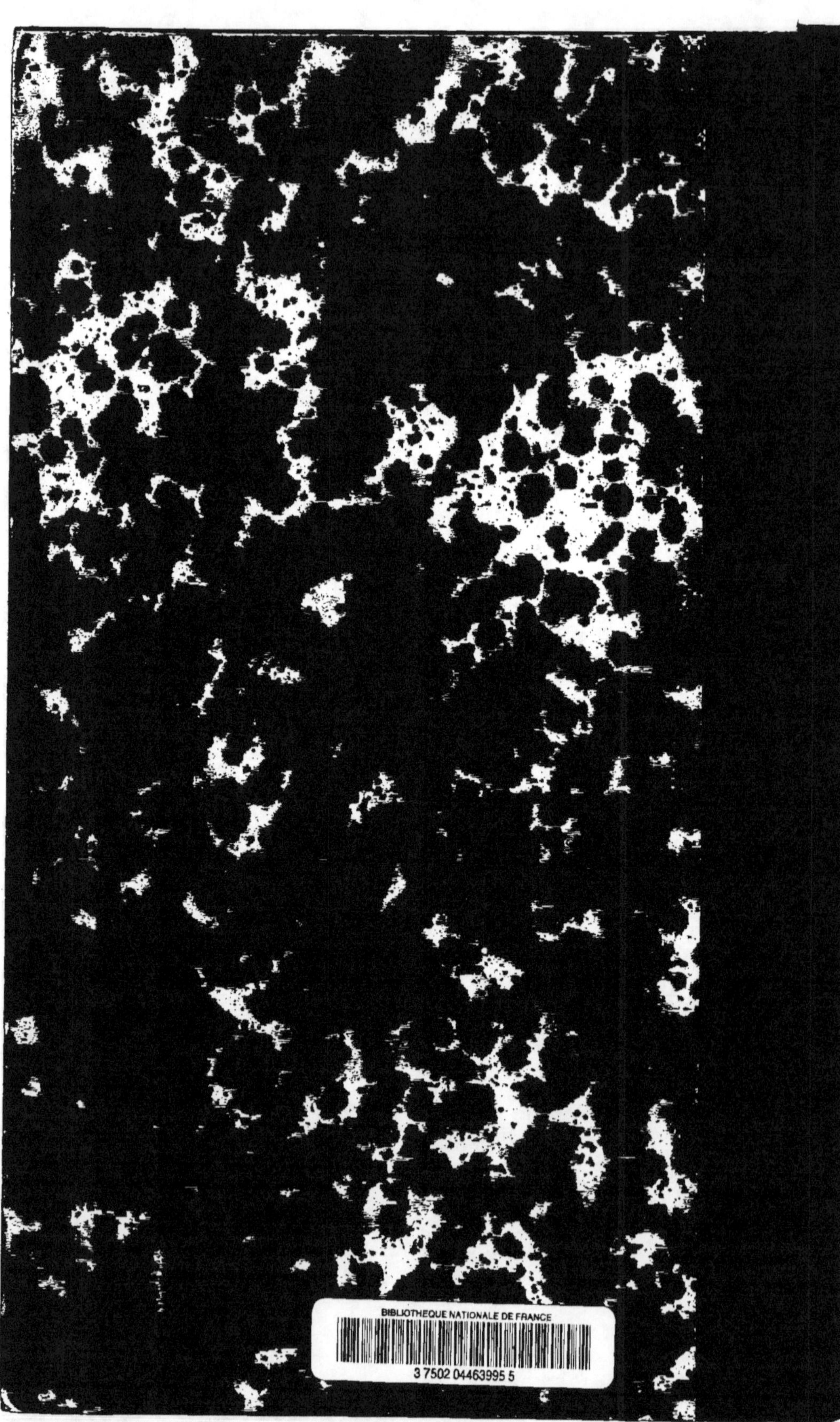